# El nacimie

## El Hijo prometido

**Narrado por Carine Mackenzie**

*Ilustrado por Fred Apps*

*Traducido al español por Natalia C. Foce*

*Publicado por* **Editorial Sendas Antiguas**

*1730 Leffingwell Ave, Grand Rapids, MI 49525 USA*



*Impreso en China*

***Se agradece a Christian Focus Publications por el permiso de traducir al español estos hermosos libros para niños.***

Jesús, el Hijo de Dios, nació en este mundo de una manera maravillosa. María, su joven madre, era una mujer pobre. Vivía en la ciudad de Nazaret, en la tierra de Israel.

Un día, un ángel visitó a María y le dio una noticia increíble.

"Tendrás un hijo, y le pondrás por nombre Jesús."

"¿Cómo puede ser?" preguntó María.

"El niño es el Hijo de Dios," respondió el ángel. "Darás a luz por el poder especial del Espíritu Santo."

María estaba comprometida con José. Al enterarse de que María esperaba un niño, José se sobresaltó y se angustió mucho. Pero Dios le envió un mensaje en un sueño.

José oyó que un ángel le decía: “No temas tomar a María por esposa. El niño que espera es el Hijo de Dios. Cuando nazca, lo llamarás Jesús (que significa Salvador), porque Él salvará a Su pueblo de sus pecados.”

Entonces José estaba feliz de casarse con María.

El gobernador romano, Augusto César, dio una orden especial: que todos en el imperio debían ir a su ciudad natal para ser empadronados. La familia de José era de Belén, por lo tanto él y María tenían que viajar allí desde Nazaret. El niño nacería pronto, pero María igualmente tenía que viajar.

Cuando llegaron a Belén, había mucho movimiento en la ciudad. No encontraron lugar en el mesón. Ellos tenían que refugiarse en un establo, donde alimentaban a los animales.

Cuando nació el niño, María lo envolvió con cuidado y lo acostó en un pesebre, que hizo las veces de cuna. Normalmente un pesebre se utilizaba para poner paja que servía de alimento para los animales. Pero esta vez fue la cuna para el Niño Jesús.

Cerca de allí, había pastores que cuidaban a sus ovejas por la noche, como era costumbre. De repente apareció un ángel, y la luz resplandeciente de la gloria del Señor los deslumbró. Se sintieron muy atemorizados.

El ángel les dijo: "No teman. Les traigo buenas noticias a ustedes y a todo el pueblo. Hoy ha nacido un Salvador en Belén. Es Cristo el Señor. Encontrarán al niño acostado en un pesebre."

De pronto apareció una multitud de ángeles que alababan a Dios, diciendo: "¡Gloria a Dios en las alturas! Paz y buena voluntad a los hombres."

Cuando los ángeles volvieron al cielo, los pastores se dijeron unos a otros: "Vayamos a Belén y veamos lo que el Señor nos ha contado."

Se apresuraron hacia Belén y encontraron a María y José, y al Niño acostado en el pesebre.

Los pastores comunicaron las buenas nuevas a todos los que encontraban en su camino. Alababan y adoraban a Dios mientras volvían a su trabajo.

Cuando el niño cumplió ocho días, Le pusieron por nombre JESÚS, tal como el ángel les había anunciado a José y María. Llevaron al Niño Jesús al templo para presentarlo al Señor y ofrecer un sacrificio, como lo requería la ley de Dios.

En el templo de Jerusalén, se encontraron con Simeón, un hombre justo y piadoso que amaba al Señor. Dios le había hecho una promesa muy especial: él no moriría hasta ver a Cristo, el Salvador prometido.

Ese día, cuando María y José llevaron al Jesús al templo, Simeón tomó al Niño en sus brazos. Sabía que se había cumplido la promesa de Dios, y dijo: "Ya puedo morir, porque he visto la salvación de Dios."

María y José estaban maravillados por lo que decía, y Simeón los bendijo.

Luego, una anciana mujer que se llamaba Ana vio a Jesús. Ella era una viuda que vivía en el templo y oraba todo el día y también por la noche. Ella también dio gracias a Dios al conocer a Jesús, ese Niño tan especial.

Ana comunicó las buenas nuevas de Jesús a todas las personas que esperaban que Dios llevara a cabo Su plan, el de enviar un Salvador.

Unos magos vinieron del Oriente para ver a Jesús. Habían visto una estrella en el cielo que los había guiado hacia Jerusalén para buscar al Rey de los judíos. El rey Herodes se preocupó de gran manera al oír su historia.

"Averigüen más acerca de este Rey de los judios."

"¿Dónde habría nacido?" les preguntó a sus líderes religiosos.

Las Escrituras nos dicen que nacerá en Belén," le respondieron.

El rey envió a los magos a Belén diciendo: "Busquen al niño, y cuando lo hayan encontrado, háganmelo saber."

Al dejar al rey Herodes, una estrella especial guió a los magos hacia el lugar donde se encontraba Jesús. Los sabios estaban encantados de ver al Niño Jesús. Se postraron ante Él y Lo adoraron.

Se dieron cuenta de que era el Hijo de Dios. Le ofrecieron presentes: oro, incienso, y mirra.

Al partir, no volvieron para contarle a Herodes dónde se encontraba Jesús, porque Dios les había advertido en un sueño. Regresaron por otro camino.

El ángel del Señor le habló a José en un sueño.

"Toma al Niño y a María, y huye a Egipto. Permanece allá hasta que yo te diga que no hay peligro para regresar, porque Herodes buscará al Niño para matarlo."

Entonces José, María y Jesús partieron en la oscuridad de la noche, y se dirigieron a la tierra de Egipto.

Al morir Herodes, el ángel le habló a José en otro sueño.

"Toma al niño y a Su madre, y regresa a Israel, porque han muerto los que querían matar al niño. Ya está fuera de peligro."

José llevó a su pequeña familia de regreso a Israel y se asentaron en la aldea de Nazaret.

Jesús creció allí. Era un niño bueno y sabio, que vivía de una manera que agradaba a Dios, Su Padre Celestial.

Todos los días del año, debemos recordar el maravilloso nacimiento de Jesús. Los ángeles dijeron a los pastores que el niño recién nacido era el Salvador del mundo. Estas buenas nuevas eran para todos, también para nosotros.

Tanto nos ama Dios, que envió a Su Hijo al mundo para que fuera Salvador. Dios nos manda a creer en este Salvador y obedecer Su Palabra.